54
b 2136

AF242999

LA FRANCE

ET

LA RÉVOLUTION.

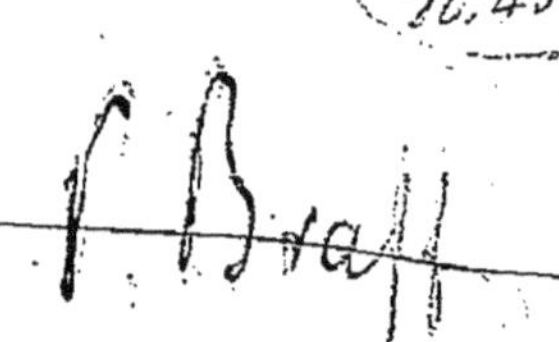

BIBLIOTHÈQUE IMPÉRIALE IMP^{LE}

ACQUISITION N.º 45962.

BRUXELLES,

J.-E. DE MORTIER, IMPRIMEUR-ÉDITEUR,

RUE LÉOPOLD, 84, FAUBOURG DE NAMUR.

1848

LA FRANCE

ET

LA RÉVOLUTION.

———

I

Le 2 mars 1830, dans un discours adressé aux Chambres, Charles X disait en terminant :

« La charte a placé les libertés publiques sous la sauve-garde des droits de ma couronne. Ces droits sont sacrés ; mon devoir envers mon peuple est de les transmettre intacts à mes successeurs.

« Pairs de France, députés des départements, je ne doute point de votre concours pour opérer le bien que je veux faire..... Si de *coupables manœuvres* suscitaient à mon Gouvernement des *obstacles* que je ne peux pas, que je ne veux pas prévoir, je trouverais la force de les *surmonter*, dans ma résolution de maintenir la paix publique, dans la juste confiance des Français, et dans l'amour qu'ils ont toujours montré pour leur roi. »

Cinq mois après, une dynastie nouvelle avait succédé à la dynastie ancienne ; une nouvelle charte, la charte de 1830 , avait remplacé l'ancienne charte, la charte octroyée en 1815.

Louis-Philippe s'exprimait ainsi dans le dernier paragraphe du discours d'ouverture de la session de 1848 :

« Messieurs, plus j'avance dans la vie, plus je consacre avec dévouement, au service de la France, au soin de ses intérêts, de sa dignité, de son bonheur, tout ce que Dieu m'a donné et me conserve encore d'activité et de force. Au milieu de l'agitation que fomentent des passions ennemies ou aveugles, une conviction m'anime et me soutient; c'est que nous possédons dans la monarchie constitutionnelle, dans l'union des grands pouvoirs de l'État, les moyens assurés de *surmonter tous ces obstacles,* et de satisfaire à tous les intérêts, moraux et matériels, de notre chère patrie. »

Deux mois plus tard Louis-Philippe avait subi le même sort que ses prédécesseurs, la république avait remplacé la monarchie constitutionnelle.

On remarquera que les mots *obstacles et surmonter* se trouvent dans les deux discours. N'est-ce pas là un singulier rapprochement historique ?

Le 3 mars 1830, le *Journal des Débats* faisait les réflexions suivantes :

« Nous les avons lues et relues (les paroles du discours de Charles X). Mille douloureuses pensées se sont présentées à notre esprit. Car enfin, le trône est-il sérieusement menacé ? Les droits de la couronne sont-ils attaqués ? Où sont les factieux ? Où sont les conspirateurs ? D'une part, nous voyons un ministère qui peut tomber, qui tombera, sans que le contre-coup en vienne jusqu'au trône. . . . .

. . . .

Il faudra que le ministère s'explique devant les chambres. Là il ne sera pas couvert par la majesté royale. On lui demandera compte de ses moindres paroles. S'il était vrai que le ministère eût songé à prendre, pour sa défense, d'autres armes que les armes légales, et à compromettre la royauté même dans une lutte fatale, la chambre connaît ses droits et ses devoirs. »

« Il y a dans la charte un article qui renvoie devant la cour des Pairs le ministre coupable de trahison. Mais si le ministère n'a pas calculé la force que donnerait à ses paroles l'appareil d'une séance royale, s'il n'a voulu qu'intimider, effrayer par de vagues menaces, au hasard de ce qui arriverait, il faudrait encore le châtier de façon ou d'autre, pour avoir laissé peser sur la France, ne fût-ce que pendant quelques jours, la plus douloureuse incertitude. »

Le lendemain, le même journal disait encore : « Ce que nous avions prévu, ce que tout le monde aurait dû prévoir est arrivé : les dernières phrases du discours de la couronne ont produit un sentiment général d'inquiétude et de douleur. Chacun s'est demandé à qui elles s'adressaient? Y a-t-il des conspirateurs? Mais alors pourquoi ne pas les désigner plus clairement? Pourquoi ne pas les montrer au doigt? Les droits du roi sont-ils attaqués? Quels sont donc ceux de ces droits qu'on attaque? . . . .

. . . .

Plus que jamais il était nécessaire, cette année, que le ministère s'expliquât clairement. La gravité des circonstances lui en faisait un devoir. Eh bien! le ministère a trouvé le moyen d'être tout juste assez clair pour soulever mille alarmes vagues, mille craintes à la fois, pour tout faire appréhender, par cela seul qu'il menace et ne précise rien. Si c'est là l'effet que le ministère voulait produire, il a réussi au delà de toute espérance. »

Ces reproches que le *Journal des Débats* adressait en 1830 aux ministres de Charles X, on pouvait également les adresser au cabinet du 29 octobre 1840. On avait traité d'aveugles les députés qui s'étaient assis aux banquets réformistes. Ceux-ci pouvaient répondre, et ont répondu en effet à leur tour : vous êtes bien plus aveugles que nous; et, de plus, vous êtes sourds, car si vous ne l'étiez pas, vous auriez certainement entendu ce solennel avertissement du pays, qui retentit depuis six mois; vous auriez certainement entendu ces milliers de voix qui vous ont crié que nonseulement vous perdez la France, mais que vous vous perdez avec elle, et que si vous avez quelque souci de votre conservation, il faut changer promptement de conduite. Et puis, pourquoi venir

mettre en scène le chef de l'État, et vous abriter en quelque sorte
derrière lui, pour satisfaire vos rancunes ; vous lui avez donné
mission de provoquer l'opposition, alors que vous saviez bien que
sur un tel terrain l'opposition constitutionnelle était dans l'impossibilité de se défendre. Comment, en effet, l'aurait-elle pu ? Au-
riez-vous voulu, par hasard, quand il s'est agi de voter sur le paragraphe où il est question des passions ennemies ou aveugles,
que M. Odillon Barrot fût venu, au nom de ses amis, proposer une
rédaction contenant une insulte et une provocation à l'adresse de
la personne royale ? Vous saviez bien que cela était impossible.
Vous aviez donc placé le débat sur un terrain où l'opposition ne
pouvait vous suivre.

Si les banquets de l'opposition vous déplaisaient, pourquoi n'a-
viez-vous pas eu les vôtres ? Pourquoi n'aviez-vous pas élevé tribune contre tribune ? Vous prétendiez que le pays était avec vous ;
pourquoi ne l'avez-vous pas appelé à venir vous venger des injus-
tices dont vous prétendiez avoir été l'objet ? Cela aurait mieux
valu que de vous servir du roi pour provoquer plus de cent membres de la chambre, auxquels vous ne pouviez reprocher qu'une
seule chose, c'est de vous avoir averti constitutionnellement des
dangers au devant desquels vous vous précipitiez.

En 1848 comme en 1830, le *Journal des Débats* s'est efforcé
d'attirer sur le ministère seul la colère et l'indignation soulevées
par les paroles du discours d'ouverture de la dernière session. Il
a établi, ce qui d'ailleurs était incontestable, que le ministère seul
était responsable du langage qu'il avait fait tenir au roi. A la chambre la discussion de l'adresse fut vive. En vain quelques conserva-
teurs tentèrent-ils d'arrêter la majorité dans la voie dangereuse
où elle s'élançait, à la suite du ministère, avec une extravagante
témérité ; en vain firent-ils remarquer qu'il y avait une grave im-
prudence à faire condamner et en quelque sorte décimer une portion de la chambre par l'autre ; en vain montrèrent-ils que cette
violence allait créer des divisions nouvelles, aigrir les passions
et les ressentiments et scinder le parlement en deux parties qui se

feraient une guerre d'extermination ; la majorité ne voulut rien entendre et ces sages avis restèrent sans effet : la phrase du dernier paragraphe qui renfermait les expressions de *passions ennemies* et *d'entraînements aveugles* fut adoptée. M. Guizot était allé jusqu'à dire qu'il y avait de grands droits, de grandes armes, de grands pouvoirs dont le Gouvernement et les chambres pouvaient user, et il ajoutait que le droit de la majorité pouvait aller jusqu'à étouffer la liberté de discussion. Une protestation énergique de M. Thiers força presque le président du conseil à retirer cet imprudent aveu, mais c'était bien sa pensée que M. Guizot venait d'exprimer, et, au fond, il avait été sincère.

Enivré de la victoire qu'il venait de remporter dans le vote de l'adresse, le ministère avait hâte d'arriver au dernier terme des difficultés et des périls contre lesquels il avait entrepris de lutter. Un banquet réformiste devait avoir lieu à Paris. Le droit de réunion, sans autorité préalable, fut contesté. Les députés de l'opposition protestèrent contre ces prétentions et adressèrent la lettre suivante aux président et membres de la commission du banquet du douzième arrondissement, en réponse à l'invitation collective qu'ils avaient reçue : « Messieurs, nous avons reçu l'invitation que vous nous avez fait l'honneur de nous adresser pour le banquet du douzième arrondissement de Paris.

« Le droit de réunion politique, sans autorisation préalable, ayant été nié par le ministère dans la discussion de l'adresse, nous voyons dans ce banquet le moyen de maintenir un droit constitutionnel contre les prétentions de l'arbitraire et de le faire consacrer définitivement.

« Nous regardons, dès lors comme un devoir impérieux de nous joindre à la manifestation légale et pacifique que vous préparez, et d'accepter votre invitation (1). »

(1) Cette lettre était signée par MM. Abattuci, Arago, d'Aragon, Bacot, Ballot, Baroche, Baron, Barrot (Odillon), Beaumont (Somme), Berger, Bethmont, Bigot, Bonnin, Bureaux de Puzy, Cambacérès, Carnot, Chambolle, Convers, Cordier, Courtais, Crémieux, Creton, Darnaud, Debrotonne, Delavau, Delespaul,

Plusieurs députés qui s'étaient abstenus d'assister aux banquets réformistes, tant que la légalité de ces cérémonies n'avait pas été contestée, voulurent prendre part à cette protestation, dès qu'ils virent le ministère dénier aux citoyens un droit dont le président du conseil avait lui-même fait usage, dans son intérêt personnel.

Deux jours après cette protestation, la monarchie allait pour la quatrième fois chercher un asyle sur la terre étrangère. Nul ne s'est levé pour la défendre.

Il est évident que cette dernière chute de la monarchie ne tient pas seulement à l'agitation produite par les banquets réformistes et au discours de la couronne. Ce ne sont là que les accidents déterminants de la révolution de février, de même que les ordonnances de juillet n'ont été, en 1830, qu'une occasion de s'affranchir d'une monarchie absolue.

Les véritables causes de la révolution de février se trouvent dans le cabinet du 29 octobre. Ce cabinet trouvait, il est vrai, une très-grande majorité dans les ténèbres du scrutin, mais les moyens qu'il avait pris pour l'obtenir avaient détruit d'avance la valeur morale de son triomphe. Une majorité conquise par l'intérêt ou par la peur, n'est et ne sera jamais une majorité réelle. Les chambres et le ministère n'étaient plus maîtres des événements : ils étaient dominés et écrasés par eux, et voilà ce qui faisait qu'au

Demarcay, Desjobert, Dolfus, Doublat, Drault, Drouyn de l'Huys, Dubauchage, Dupont (de l'Eure), Dupont (de Romon), Dussolier, Dutier, Duvergier de Hauranne, Farrau, Faucher, Garnier-Pagès, Garnon, Gauthier de Rumilly, Gigon de la Berterie, Glais-Bizoin, Gorrec, Grammont, Guyet-Desfontaines, Havin, Jouvencel, Junyen, Lafayette (Georges), Lafayette (Oscar), Lamartine, Larabit, Lasteyrie (Ferdinand), Lavalette (Mayence), Lefort-Gousselin. Legraverend, Lesseps, Lestiboudois, Levavasseur, L'herbette, Luneau, Maichin, Malleville (Léon de), Malgaigne, Manuel, Marie, Marion, Marquis, Mathey, Mathieu, Mauguin, Maurat-Ballange, Moreau (Seine), Osmont, Pagès (de l'Ariège), Pérignon, Piéron, Quinette, Raimbault, Roger (du Loiret), Saint-Albin, Sieyès (Léo de), Struch, Subervic, Taillandier, Tassel, Tessié de la Motte, Thiard, Vavin. Il convient d'ajouter à cette liste les noms de MM. Ledru-Rolin, Gustave de Beaumont, et Lacrosse, secrétaire de la Chambre.

lieu de cette force et de cette indépendance que devraient se communiquer réciproquement des pouvoirs qui s'entendent si bien, chambres et ministère se trouvèrent frappés d'atonie et comme paralysés. Le cabinet, quoique soutenu par une majorité compacte, se trouvait en opposition avec les vœux et les intérêts de la France. On a renversé ce cabinet, et il a entraîné la monarchie dans sa chute.

De tous les hommes qui composèrent le ministère du 29 octobre, il n'en restait plus que trois lors de la révolution de février.

L'illustre épée, le président de la fondation avait été revêtu d'une dignité *momentanément recréé* et souverainement ridicule par le temps qui court. Le maréchal général avait été remplacé le 10 novembre 1845 par le général Moline Saint-Yon, et enfin le 9 mai 1847 par le général Trézel.

La marine, que dirigeait d'abord l'amiral Duperré, a vu son gouvernail manié, tour à tour, par M. Roussin, par M. de Mackau, et en dernier lieu par M. de Montebello.

Les finances, après M. Humann, furent confiées à M. Lacave-Laplagne, homme évidemment au-dessous de sa mission. Après M. Lacave, vint M. Dumont qui ne valait guère mieux. Nous ne dirons rien de M. Jayr qui n'était là que pour faire nombre.

L'instruction publique, à laquelle M. Villemain rendit d'incontestables services, fut confiée, le 1er février 1845, au brillant et superbe comte de Salvandy.

La justice et les cultes après avoir longtemps végété sous l'administration inepte et ignare du comte Martin (du Nord), qui laisse un triste renom, devinrent, le 14 mars 1847, le partage de M. Hébert. MM. Guizot, Duchatel et Cunin-Gridaine représentant les affaires étrangères, l'intérieur, le commerce et l'agriculture, sont, de tous les hommes d'état qui composaient à son origine le cabinet du 29 octobre, les seuls qui restaient lorsqu'éclata la révolution de février.

Si nous voulons rechercher sérieusement ce que ce ministère a fait depuis le premier jusqu'au dernier jour de son existence, nous trouverons qu'il a été d'une stérilité continue. Il a tout refusé, tout repoussé. Tantôt, il ne se sentait pas la force de lutter contre les préjugés ou les intérêts particuliers de ses amis, tantôt il avait lui-même contre certaines mesures des antipathies et des appréhensions. Il a beaucoup parlé pour démontrer qu'il était avantageux de ne rien faire. Le chef du cabinet, M. Guizot, a écrit et parlé pour et contre les réformes, et il a célébré tour à tour le progrès et la résistance, mais il est arrivé, en définitive, après sept années d'existence, à n'avoir rien fait de positif et de fécond. S'est-il attaché à perfectionner l'ordre social, à répandre le bien-être parmi les populations, à encourager la moralité des classes pauvres, à répartir plus également les charges publiques, à étendre et à fortifier l'action administrative? Non, il n'a rien fait de tout cela. C'étaient pourtant là des réformes réclamées par l'opinion, et qu'un ministère sage, aidé du concours des chambres, aurait accompli sans faste et sans bruit.

Si on appelle gouverner se maintenir péniblement au pouvoir, acheter une majorité que l'on n'a pu gagner, transiger sans cesse avec cette majorité vénale, la suivre dans ses oscillations, se prêter à ses exigences, consulter à chaque instant avant de penser, avant d'agir, les dispositions de son esprit; si gouverner consiste à faire rarement ce que l'on veut et souvent ce que l'on ne veut pas, alors ce ministère a gouverné. Mais si le gouvernement d'un grand pays est autre chose qu'un perpétuel calcul des chances du scrutin, si gouverner veut dire donner l'impulsion, diriger, maintenir son initiative, faire ordinairement ce que l'on veut et jamais ce que l'on ne veut pas; si gouverner veut dire marcher librement, courageusement, dans une voie tracée par le sentiment du devoir, alors évidemment le cabinet du 29 octobre n'a pas gouverné.

On a vu, chose unique dans l'histoire parlementaire de la France, une chambre qui donne une grande majorité à un ministère, bien qu'elle considère ce ministère comme un danger; et, comme pendant à cette chambre, qui n'a pas le courage de renverser une administration qui lui offre si peu de garanties, de sécurité, nous avons eu un ministère qui, malgré l'énorme majorité dont il dispose, n'a pas plus de liberté dans ses mouvements, que s'il craignait de se heurter, à chaque pas, contre un vote fatal et mortel pour lui.

Le ministère et la majorité n'avaient pas compris que les réformes, faites à temps, quand les circonstances les commandent, préviennent les révolutions, parce qu'elles satisfont l'opinion publique, et mettent les institutions de nouveau en rapport avec les besoins intellectuels et moraux du peuple. Les réformes sont à la fois le remède le plus radical aux maux de l'État, et le préservatif le plus sûr de maux plus grands encore. Se refuser à toutes les réformes nécessaires, leur opposer une résistance opiniâtre, c'est provoquer une réaction dont les effets sont toujours incalculables. Les réformes sont préparées par le temps, amenées par des causes générales. Il faut savoir saisir leur moment, trouver leur à-propos, et ne pas s'y refuser. L'art de gouverner consiste à sacrifier ce qui n'est plus à l'unisson des besoins et des idées dominantes, que le temps a changées, et à amener, conformément à des idées directrices et à des principes, les institutions que le temps demande.

L'inertie du Gouvernement a fatalement réagi sur le pays tout entier. Elle y a étouffé l'esprit public (1) qui, dans un état bien organisé, nous fait chérir l'existence de la chose publique, et nous fait suivre avec attention son développement progressif; l'esprit public qui nous donne le sentiment des avantages de l'ordre social, et nous inspire le désir de le conserver; l'esprit public qui, allumant en nous un véritable enthousiasme pour le bien général, nous porte à lui faire les sacrifices les plus difficiles. Cet esprit ne saurait exister dans une société corrompue, dont chaque membre

(1) Nous n'en voulons pour preuve que l'apathie extrême qui s'est manifestée lors des dernières élections partielles. Lorsque, pour la première fois, le pays a été appelé à mettre le suffrage universel en pratique, la plupart des électeurs se sont empressés d'user de leur droit électoral; c'était quelque chose de nouveau. Deux mois après, lorsqu'il s'est agi de faire de nouvelles élections, plus de la moitié des électeurs se sont abstenus de voter, les ouvriers surtout se sont abstenus généralement.

ne cherche qu'à attirer à soi les bienfaits et les résultats qui devraient être le partage de tous. L'esprit public se confond avec la vertu politique, et la vertu politique prend sa source dans la force morale du peuple. Cette force morale consiste dans la haute opinion qu'un peuple a de lui-même, de son pays et de son gouvernement ; dans son respect pour les principes du droit, qui protègent la liberté de tous en limitant celle de chaque individu ; dans ses mœurs et dans sa probité. Cette force morale remplace la force physique, en tient lieu ou l'augmente. Ce qui est invisible est toujours ce qu'il y a de plus réel et de plus important. Or, comment un peuple aurait-il cette force morale, comment aurait-il cette haute idée de son gouvernement, quand il voit la corruption remplacer la bonne foi, l'intérêt privé remplacer la probité, la faveur et l'intrigue se substituer à l'intelligence et au travail ? Comment respecterait-il un gouvernement qui ne se respecte pas lui-même, qui se sépare des idées du droit, de justice, de liberté, qui méprise la moralité publique, le développement des idées et le culte des sentiments généreux ?

Le seul sentiment, vif encore dans le pays, était la croyance à une corruption politique qui faussait le mouvement naturel et tous les ressorts du gouvernement représentatif ; et cette croyance était fondée. L'invasion des députés dans l'administration, les exigences des électeurs, dont l'influence individuelle était d'autant plus grande que la circonspection électorale était plus petite ; la transformation du mandat politique en mandat d'intérêt privé sont aujourd'hui autant de faits acquis et qu'il est impossible de révoquer en doute.

Tout ce qu'il y avait en France d'influences officielles et vénales était employé à recruter, à séduire les électeurs. La France tout entière ne dépendait plus, en dernière analyse, que d'électeurs et de députés qui ne s'appartenaient pas, et, chose singulière, avec une majorité aussi vénale, le ministère n'a su prendre l'initiative d'aucune mesure de liberté, d'amélioration, de gouvernement proprement dit.

Le ministère eût peut-être sauvé la monarchie constitutionnelle, s'il avait voulu, une fois pour toutes, mettre un terme aux
abus de la faveur, soustraire le Gouvernement aux obsessions de
toute sorte qui l'assiégeaient, poser des limites à une concurrence
sans frein, fermer les carrières aux incapables pour les ouvrir
aux candidats intelligents, dignes de la confiance de l'état, re-
pousser les promotions irrégulières pour encourager les avan-
cements mérités, rendre au pouvoir, à l'administration, aux
chambres, une nouvelle force, en les renfermant dans le cercle
d'une règle destinée à les soutenir et à les contenir en même
temps ; il eût peut-être sauvé la monarchie constitutionnelle, s'il
avait voulu sérieusement corriger la loi du 19 avril 1831 dont les
vices étaient démontrés par seize années d'expériences et qui ne
répondait plus aux besoins actuels. Cette loi n'était plus propre
à assurer à la France la représentation vraie, sincère, complète de
ses droits, de ses opinions, de ses intérêts. Ainsi, par exemple,
le premier département de la France, avec ses 1,400,000 habitants, avec ses 154 millions de contributions qu'il verse annuelle-
ment au trésor, avec ses 17,000 électeurs, n'avait que quatorze
députés, à peu près un pour 1,200 électeurs; tandis qu'ailleurs le
nombre proportionnel des députés était dix fois plus considérable.
Cela semblait anormal aux yeux de tous, excepté aux yeux du ministère qui trouvait la loi de 1831 excellente, parce que sous
l'empire de cette loi, il était toujours certain de pouvoir trouver
une majorité vénale. Il a persévéré dans la voie funeste de la corruption. La corruption l'a conduit à la violence, la violence à l'illégalité, l'illégalité aux coups d'état et les coups d'état à une révolution.

On l'a dit avec raison : Pour tout gouvernement et surtout pour
un gouvernement né de la souveraineté nationale, c'est un grand
tort, un grand crime que de violer les lois, que de ruiner les finances, que d'abaisser le pays dans ses rapports avec l'étranger.
Mais il est un tort, il est un crime encore plus grand parce que ses
effets en sont moins réparables : c'est de corrompre le principe

même des institutions, et de supprimer ainsi, par le fait, la différence qui existe entre les gouvernements libres et les gouvernements absolus. Dans le gouvernement représentatif, honnêtement,
sincèrement pratiqué, le pays peut être abusé et mal placer sa confiance ; mais, tous les quatre ans, tous les trois ans, il reste maître de la retirer à ceux qui ne s'en sont pas montrés dignes. Le
remède est à côté du mal, le châtiment à côté de l'offense. Mais
où sera le remède, si l'élection, falsifiée dans sa source, est devenue elle-même une comédie, un simulacre, un mensonge ? Où sera
le remède, si des suffrages se vendent au lieu de se donner, et si
ceux qui élisent comme ceux qui sont élus n'ont qu'une pensée
celle de mettre leurs droits politiques au service de leur fortune
privée ? Où sera le remède si la nation se trouve ainsi partagée,
une fois pour toutes, en deux portions bien distinctes, l'une qui
exploite, l'autre qui est exploitée ; l'une qui reçoit, l'autre qui
paie ; l'une qui trafique d'elle-même, l'autre dont on trafique ? Non
content d'avilir la chambre des députés par la corruption,
le cabinet du 29 octobre s'attachait encore à affaiblir la
Pairie. La chambre des pairs faisait entendre tous les ans des
plaintes éloquentes et consciencieuses. Quelle part avait-elle, par
exemple, dans la discussion du budget ? Elle le discutait sans pouvoir l'amender.

Chaque année, la discussion tardive des lois de finances et le dé-
part des députés avant la clôture légale de la session, mettaient la
pairie dans la triste nécessité de voter le budget sans modification,
car elle craignait, en le modifiant, d'amener un conflit entre les pouvoirs et une interruption dans les services publics. Un gouvernement sage aurait cherché des moyens de rétablir, sur ce point,
l'équilibre constitutionnel, évidemment rompu. Il aurait compris
qu'il était de l'intérêt du pays que les droits de la chambre des
pairs fussent respectés. Si la pairie renfermait quelques esprits
timides, sans grande valeur politique, c'est que le cabinet du 29 octobre s'était plu à nommer pairs des députés qui n'avaient d'autre
mérite que celui d'avoir échoué devant les électeurs, et qu'il sem-

blait vouloir faire de la pairie l'asile des disgraciés de l'urne électorale. Par là, il a rabaissé la pairie et causé un abus préjudiciable
à sa dignité et à ses droits. Mais à côté de ces esprits peu capables
on trouvait des noms illustres, des capacités éprouvées, de hautes
renommées administratives et parlementaires, qui ont puissam-
ment agi sur l'opinion, et qui ont plus d'une fois fait aux différents
cabinets une opposition libérale et conservatrice à la fois. Au lieu
d'affaiblir la pairie, il fallait la constituer plus fortement, de manière à faire un juste équilibre avec l'autre chambre ; il fallait en
faire un pouvoir gouvernemental par sa nature, et tout à fait in-
dépendant, tout à fait distinct du gouvernement par sa position.

Si, quittant le domaine de la politique, nous voulons jeter un
coup d'œil sur la vie privée, que trouvons-nous? l'affaire Praslin,
l'affaire Teste-Cubières, l'affaire Petit, etc., etc.

N'avons-nous pas vu ces entreprises folles, ces jeux effrénés, où
venaient tous les jours disparaître l'honneur et la fortune, non pas
seulement des téméraires qui s'exposaient volontairement à des
redoutables chances, mais encore l'honneur et la fortune de tous
ceux qu'ils n'hésitaient pas à sacrifier à leur ambition et à leur
cupidité. Jamais peut-être il n'y eut plus de place pour les jeux
de l'intrigue et moins de chance pour les entreprises conduites
avec conscience et probité, si toutefois nous ne substituons pas
au sens rigoureux de cette dernière expression, le sens beaucoup
plus large qui lui a été conventionnellement attribué, afin de la
mettre en rapport avec les exigences et les besoins insatiables que
nous nous sommes créés.

Si, comme être individuel, l'homme est appelé à exercer, dans
toute sa plénitude, les facultés dont il est doué, il n'est pas vrai
que ce droit puisse être exclusivement exercé au profit et dans la
limite étroite des intérêts de son individualité, au point qu'il se
prévaille impunément de sa fortune, de son industrie, de la force,
en un mot, dont il dispose, pour sacrifier, par des procédés quel-
conques, les intérêts et les droits légitimes de ses frères. En se
retranchant ainsi dans les prétentions d'une égoïste cupidité, il est

loin des conditions de sa destination providentielle, loin d'obéir à l'universalité de ses tendances régulières, parce que, s'il a des droits et des devoirs respectables comme individu, il n'en a pas de moins incontestables et de moins sacrés comme être social, ayant, lui aussi, besoin du concours et de la protection incessante de toutes les forces de l'agrégation à laquelle il appartient. C'est pour cela que le principe de la liberté, incapable, par lui seul, de réaliser le bien, demande, dans toutes les institutions sociales, à se compliquer rationnellement par un principe conservateur qui le régularise et le vivifie. Liberté, sans doute, pour l'individu, c'est son droit, mais, les intérêts de la société le demandent, liberté s'arrêtant là où le droit et l'intérêt social, le droit et l'intérêt social de tous, l'exigent impérieusement ; liberté, mais intervention puissante de l'ordre social tout entier contre les envahissements et l'exagération des bénéfices et des intérêts privés, contre les désordres et les vices de la pensée et de la volonté individuelle; garantie et sécurité de tous vis-à-vis de tous. Or, c'est encore ce que le gouvernement déchu n'avait pas compris. Le système patronisé par lui, conduisait, en politique, à la corruption et à la dégradation des mœurs ; en industrie, par le développement progressif d'un individualisme avide et effréné, il conduisait à la banqueroute, honnête et loyale quelquefois du côté de ces spéculateurs consciencieux qui se brisent au contact de la fraude et de l'intrigue, honteuse et criminelle du côté des hommes pris au piège qu'ils tendaient à des rivaux, ou qui, passionnés, avant tout, pour le culte de l'or, ne voient dans elle qu'un procédé d'autant meilleur qu'il conduit plus sûrement à la fortune. En sorte que la convulsion habituelle de tous les intérêts, la décevance de tous les besoins et de toutes les espérances étaient devenues la condition presque naturelle d'une société démoralisée et corrompue. Et comment en serait-il autrement quand le gouvernement travaille, par tous les moyens dont il dispose, à faire que partout les intérêts matériels dominent et absorbent tous les autres; quand du haut de la tribune, le ministre principal donne, pour tout conseil, cet axiome :

« Chacun pour soi, enrichissez - vous. » Est-il surprenant que l'absence de moralité, de pureté, de vérité, de dignité dans les hommes du pouvoir, fassent naître l'égoïsme et la passion du gain dans la société tout entière? Il n'est pas nécessaire de remonter des effets aux causes, ni d'être un grand métaphysicien pour comprendre que le bien-être matériel de la société n'est qu'une des conditions de son existence, et que sans le bien-être moral, il ne peut rien pour la stabilité des corps politiques ni pour l'action progressive des esprits. On n'a qu'à étudier le cœur humain et à le suivre à travers ses égarements, pour se convaincre que l'oubli des lois morales jette la société dans le désordre, et la rend la proie de la brutalité de l'égoïsme et du délire de l'amour-propre.

Un mot sur les finances. Dans son dernier rapport à la chambre des Pairs, M. d'Andiffret a déclaré que les recettes se sont accrues de 37 millions depuis 1840, ce qui fait par an, pendant neuf ans une augmentation moyenne de l'impôt de 118 millions et un total de 1,052,000.

Le rapport de M. Bignon a établi que les dépenses ordinaires ont dévoré pendant la même période, 500 millions enlevés aux réserves de l'amortissement cinq pour cent, ce qui constitue, pour le budget ordinaire, pendant la durée du dernier ministère, un excès de 1,562 millions au delà des dépenses précédemment suffisantes. Quant au budget extraordinaire, il avait consommé, à la fin de 1846, 196 millions, pris sur la dette flottante ; 150 millions, produit de l'emprunt de 1841 ; 500 millions dus à l'emprunt de 1844 et aux caisses d'épargne ; et le montant du déficit des deux années 1847 et 1848 s'élevait à 350 millions. De sorte que le total des dépenses effectuées par le dernier ministère au delà des recettes, autrefois suffisantes, était de deux milliards 558 millions. Les armements de 1840 ont coûté 158 millions; la mauvaise récolte et les inondations ont enlevé au trésor près de cent millions ; reste donc deux milliards 500 millions d'augmentation de dépenses dont le ministère porte la responsabilité. Les guerres de l'empire n'ont jamais tant coûté !

On objecte les chemins de fer. Eh bien, en mettant les chemins de fer de côté, il reste 1,500 millions de déficit en huit ans au budget ordinaire, ou plus de 150 millions par an. En défalquant de cette somme annuelle 25 ou 50 millions pour l'accroissement des dépenses de l'Algérie, et 50 et plus pour l'augmentation des intérêts de la dette, il reste encore 90 millions par an dont l'emploi n'est pas justifiable. Le rapport de M. Garnier-Pagès nous a montré enfin le gouffre vers lequel nous entraînait, avec une rapidité effrayante, le Gouvernement déchu. Voici l'analyse de ce rapport :

Dette publique : Au 1ᵉʳ janvier 1841, le capital de la dette publique était, déduction faite des rentes appartenant à la caisse d'amortissement, de 4,267,315,402. Le 1ᵉʳ janvier dernier il était de 5,179,644,730. Ainsi la dernière administration l'a augmenté de 912,329,528 fr.

Budgets : Celui de 1829 à 1859 se montait à 1,014,914,000. L'ensemble des crédits mis à la disposition du Gouvernement déchu sur l'exercice de 1847 s'élève à 1,712,979,639-62. De 1840 à 1847 inclusivement la dépense a dépassé la recette de 604,525,000 fr. Pour 1848, le déficit prévu est de 48,000.000 fr., sans compter le chapitre complémentaire des crédits extraordinaires, supplémentaires, etc., ce qui élève à 652,525,000 fr. la totalité du déficit des budgets à la charge de la dernière administration.

Travaux publics : Les travaux publics ont élevé les crédits à 1,081,000,000. En déduisant les sommes remboursées par les compagnies et qui s'élèvent à 160,000,000, et le dernier emprunt de 82,000,000, il reste 839,000,000. Sur cette somme, 435 millions ont été dépensés sur les ressources de la dette flottante, et 404 millions restent encore à acquitter d'ici à l'achèvement des travaux.

Dette flottante : Au commencement de 1831, elle atteignait un chiffre de 250,000,000 fr.; à la date du 26 février dernier, elle dépassait 670,000,000 fr., plus pour les rentes appartenant aux caisses d'épargne, 202,000,000 : en tout 872,000,000.

Pendant les deux cent soixante-huit derniers jours de son existence, le Gouvernement déchu a dépensé au delà de ses ressources ordinaires, 294,800,000 fr., c'est-à-dire 1,100,000 fr. par jour. Pour alimenter ces dépenses, le Gouvernement puisait à trois sources : les bons royaux, l'emprunt, les caisses d'épargne.

Du 12 avril 1847 au 26 février 1848, le chiffre des bons du trésor est monté de 86 millions à 325 millions.

Les versements de l'emprunt conclu le 10 novembre 1847 ont été de 82 millions.

Quant aux caisses d'épargne, sur les 355 millions versés entre les mains de la précédente administration, M. Garnier-Pagès n'a trouvé en compte courant au trésor qu'une soixantaine de millions. Le reste était immobilisé en rentes ou en actions. D'où il suit que le Gouvernement déchu s'était mis dans l'impossibilité absolue d'opérer les remboursements qui auraient pu lui être demandés.

On dirait vraiment que le cabinet du 29 octobre voulait en quelque sorte enchaîner les finances de la France, afin de rendre tout mouvement impossible, si la nation voulait sortir un jour de l'immobilité qu'on avait rêvée pour elle. Un pays, en effet, n'est fort, il ne peut parler haut à l'étranger, il ne peut se soustraire à ses exigences qu'à la condition que ses finances seront soigneusement administrées, qu'à la condition d'amortir pendant la paix, toutes ses dettes, de diminuer toutes ses charges et de s'assurer des ressources pour les temps difficiles. Or, c'est précisément le contraire qu'on a fait en France pendant dix-sept ans. Loin de diminuer les charges du trésor, on les a sans cesse augmentées et, depuis 1840 surtout, les emprunts se sont succédé avec une rapidité déplorable.

Sans réduire un seul impôt, on a dévoré, en pleine paix, toutes les ressources de la guerre, et ajouté aux déficits anciens de nouveaux et de plus forts déficits.

La chambre, dès le début de la dernière session, s'était préoccupée de la situation financière du pays. Malheureusement la chambre n'avait pas plus le courage de son opinion dans les questions

financières que dans les questions politiques. La majorité reconnaissait très-volontiers, dans l'intimité, loin de la tribune, et surtout de l'urne du scrutin, que nous étions très-mal gouvernés;
mais, quand on le lui prouvait trop clairement et quand on lui
proposait d'y porter remède, elle s'effrayait et reculait. Il en était
de même quand on lui parlait finances, quand on lui démontrait,
qu'en cette matière, il se commettait chaque jour des folies nouvelles, et, qu'au train dont on marchait, on devait aboutir prochainement à une catastrophe.

II

La révolution de février n'est point une opinion particulière,
c'est un fait aux yeux de tout le monde.

Ce fait est accepté par les uns comme l'avènement d'un ordre
de choses qu'ils avaient rêvé et voulu ; par les autres comme un
régime qui peut donner la paix au pays, s'il s'assied sur des bases
solides. C'est par des actes, par la pratique large et soutenue de la
justice, de la vraie fraternité, que la république obtiendra l'assentiment cordial et sincère de tous les français. Mais, qu'on ne s'y
trompe pas, la situation aux yeux des hommes les mieux disposés,
les plus sympathiques à la forme républicaine, est des plus graves.

Il est dans la nature des choses que tous les gouvernements issus d'un mouvement populaire aient, dès leur naissance, à lutter
contre des ennemis qui veulent les étouffer dans leur berceau.

Il existait dans l'ancien parti républicain deux nuances qui s'étaient nettement tranchées depuis la révolution de 1830. L'une,
nourrie dans les luttes de l'opposition parlementaire, poursuivant
le principe de la monarchie représentative, à travers les changements incessants des ministères, comptait à la tribune et dans la
presse de nombreux soutiens. Désirant la république plus qu'elle
ne l'espérait, elle se contentait, faute de mieux, de demander la
réforme électorale. Elle mettait sa confiance dans l'opinion soulevée, plutôt que dans le sort d'une émeute.

L'autre n'avait et ne pouvait avoir de représentants dans les chambres ; les sympathies de la presse lui manquaient également. Ses principes professaient le mépris de tout ce qu'on apprend aux hommes à aimer et à respecter ; elle les développait dans l'ombre de ses sociétés secrètes, et de nombreux affiliés les propageaient au loin. Son but était la désorganisation sociale. Ralliée successivement aux systèmes menteurs et dangereux des Saint-Simon et des Cabet, elle réunissait dans son sein, tous les éléments de désordre, d'immoralité, d'anarchie. En même temps elle aiguisait des poignards et fabriquait des cartouches ; puis de temps à autre, frémissante d'espoir et d'impatience, les armes à la main, elle descendait dans la rue, mais pour rentrer bientôt dans son obscurité, décimée et meurtrie, abandonnant son sang aux ruisseaux et ses chefs aux prisons d'État.

Ce dernier parti n'avait, depuis 1839, rien entrepris de sérieux ; mais il n'était pas resté oisif : il recueillait ses forces et multipliait ses moyens d'action. Aussi le 24 février le trouva-t-il mieux disposé que jamais à entrer en lice : il ne se fit pas attendre. L'heure du triomphe vint enfin, mais ce ne fut pas pour lui. La victoire du peuple n'était pas sa victoire, la république proclamée n'était pas sa république.

Il se refusa d'abord à l'évidence : mais bientôt le doute ne fut plus possible. On s'explique ainsi ce terrible désappointement qui devait tôt ou tard se traduire en haines ardentes, en efforts désespérés.

La République avait désormais dans son sein de plus mortels ennemis que tous les rois de l'Europe ensemble. Ces hommes ne tardèrent pas à se compter publiquement dans leurs clubs, à exploiter l'effervescence générale, les craintes des uns, l'enthousiasme des autres. Ils pratiquèrent de nombreuses intelligences et s'assurèrent de nouveaux alliés. Ils eurent leurs journaux, leurs fonds secrets, leurs arsenaux.

Le premier acte de ce parti avait été le drapeau rouge qu'il vint arborer à coups de fusil, sur les fenêtres de l'hôtel de ville. Le drapeau rouge fut repoussé.

Son second acte fut la manifestation des deux cent mille ouvriers qui vinrent solliciter l'ajournement des élections. Cette manifestation fut déjouée.

Son troisième acte fut la journée du 17 avril, conspiration savamment ourdie, qui s'évanouit devant l'élan de la garde nationale, sortie comme par enchantement de dessous les pavés.

Son quatrième acte fut la journée du 15 mai qui nous présenta, pendant trois heures, des scènes d'anarchie et de mort, et la tribune devenue le tréteau de charlatans sanguinaires.

Toutes ces tentatives furent détournées, mais ceux qui avaient dirigé la conspiration ne se découragèrent point.

Une révolution en déclassant toutes les situations, en augmentant les misères, en improvisant toutes les positions exalte toutes les cupidités, toutes les douleurs, tous les regrets, jette sur le pavé de nombreux débris d'espérances trompées, de fortunes détruites, de souffrances aigries, de mécontentements affamés, où les conspirateurs n'ont qu'à se baisser pour ramasser des milliers de soldats.

Une révolution, d'ailleurs, par cela même qu'elle vient d'être couronnée de succès n'est qu'un encouragement pour une nouvelle révolution. Le prestige de la première semble à beaucoup d'esprits se réfléter sur la seconde. On a glorifié la barricade, le coup de fusil, l'appel aux armes ; une partie du peuple, qui ne voit l'idée nulle part, est donc tentée de ne voir dans toute insurrection que la barricade, le coup de fusil, l'appel aux armes. Elle croit que le droit repose sur le pavé, et qu'il faut, pour le trouver, remuer sans cesse des pavés.

Ce n'est pas tout. La suspension forcée de tous les travaux, de toutes les machines, de toutes les industries ; ces questions témérairement soulevées d'augmentation de salaire et de diminution de travail, la langueur ou la paralysie subite de tout le grand et le petit commerce, la création des ateliers nationaux, le corps des montagnards, durent nécessairement apporter et apportèrent en effet de puissantes réserves à cette formidable insurrection qui pendant les journées de juin, vint mettre Paris et la France à deux doigts de sa perte. Pendant quatre jours une lutte horrible, inouie, sans exemple dans l'histoire, ensanglanta la capitale ; lutte acharnée qui mettait aux prises les habitants d'une même rue, d'une même maison, qui promenait le carnage de quartier en quartier, de barricade en barricade, de chambre en chambre ; lutte marquée chaque jour par d'effroyables malentendus, par des boucheries dignes de cannibales, et, en même temps, pour consoler l'humanité, par des traits d'un héroïsme antique et par de sublimes dévouements.

La plume se refuse à tracer un tableau de scènes d'horreur, d'actes d'atrocité, devant lesquels l'imagination la plus perverse recule épouvantée. Vertu, gloire, dévouement, charité, science, talent, tout est venu tomber dans une boue ensanglantée au pied des barricades.

Nous avons à compter aujourd'hui avec de véritables terroristes, de véritables incendiaires. Oui, quoi qu'il nous en coûte, nous devons constater toute la vérité et cette vérité est qu'il existe dans notre pays une bande nombreuse de scélérats prêts à s'abandonner à toutes sortes de monstruosités.

Nous l'avons payé trop cher pour l'oublier de si tôt cette triste vérité qu'il est des hommes contre lesquels le dernier argument, la raison suprême est, en définitive, le canon. Un pouvoir qui ne s'appuie que sur des baïonnettes est, nous en convenons, un triste pouvoir, mais, sans parler d'autres exemples, le terrible drame qui vient de se jouer à Paris, nous apprend, une fois de plus, qu'il faut unir à la sagesse et à la justice qui assurent au gouvernement le soutien de l'opinion publique, la force matérielle qui assure à la société l'ordre et l'exécution des lois.

Que pouvez-vous attendre, par exemple, d'un homme qui enseigne que la propriété est infâme, que la justice est infâme, que la patrie et la religion sont des masques, que Dieu est essentiellement hostile à notre nature, que le règne de Dieu est fini, etc., etc. (1).

(1) Nous donnons ici quelques lignes extraites d'une brochure de M. Proudhon publiée en 1846.

« La propriété, par principe et par essence, est immorale. Cette proposition

Que pouvez-vous attendre de ces hommes qui naissent, vivent et meurent conspirateurs, et dont la présence dans la société n'est est désormais acquise à la critique. Conséquemment le code, qui, en déterminant les droits du propriétaire, n'a pas réservé ceux de la morale, est un code d'immoralité; la jurisprudence, cette prétendue science du droit, qui n'est autre que la collection des rubriques propriétaires, est immorale, et la justice instituée pour protéger le libre et paisible abus de la propriété; la justice qui ordonne de prêter main-forte contre ceux qui voudraient s'opposer à cet abus; qui afflige et marque d'infamie quiconque est assez osé pour prétendre réparer les outrages de la propriété, la justice est infâme.... Non-seulement la justice instituée pour protéger la propriété même abusive, même immorale, est infâme, mais la sanction pénale est infâme, la police infâme, le bourreau et le gibet infâmes, et la propriété qui embrasse toute cette série, la propriété de qui est sortie cette odieuse lignée, la propriété est infâme. »

Après la propriété, la famille :

« Aujourd'hui encore, et par tout le pays, c'est un genre de mérite fort considéré chez les paysans, dans le haut et le petit commerce, de savoir faire un marché, ce qui veut dire duper le monde; la première vertu de la mère de famille est de savoir voler ceux qui lui vendent et qu'elle occupe, en retenant sans cesse sur le salaire et sur le prix ; et si nous ne sommes tous fils de coquettes, comme disait Paul-Louis, nous sommes du moins tous fils de coquines. »

Après la famille, Dieu :

« Je voudrais encore, pour assurer tout à fait votre jugement, cher lecteur, vous rendre l'âme insensible à la pitié, supérieure à la vertu, indifférente au bonheur. Mais ce serait trop exiger d'un néophyte. Souvenez-vous seulement et n'oubliez jamais que la pitié, le bonheur et la vertu, de même que la patrie, la religion et l'amour, sont des masques. » . . . .

« Et moi, je dis : le premier devoir de l'homme intelligent et libre est de chasser incessamment l'idée de Dieu de son esprit et de sa conscience. Car Dieu, s'il existe, est essentiellement hostile à notre nature, et nous ne relevons aucunement de son autorité. Nous arrivons à la science malgré lui, au bien-être malgré lui, à la société malgré lui ; chacun de nos progrès est une victoire dans laquelle nous écrasons la divinité. »

« Qu'on ne dise plus : les voies de Dieu son impénétrables; nous les avons pénétrées, ces voies, et nous y avons lu, en caractère de sang, les preuves de l'impuissance, si ce n'est du mauvais vouloir de Dieu.... Ma raison, longtemps humiliée, s'élève peu à peu au niveau de l'infini; avec le temps elle découvrira autre chose que le trouble et la révolte en permanence ? Que pouvez-vous attendre de ces esprits qui rêvent mille théories diverses et voudraient nous ramener à une espèce de société qui aurait pour base non-seulement l'égalité politique, mais encore l'égalité sociale, complète ? Chez un peuple en révolution, les idées se précipitent assez naturellement vers une égalité chimérique et vers la destruction radicale de tout ce qui offense cette égalité. Il faut pourtant savoir ce qu'on veut. Est-ce l'égalité en tout et partout ? Mais pour établir cette égalité il faut d'abord abolir la famille.

Si la grande famille humaine se composait immédiatement d'individus et non de familles particulières, l'inégalité serait moins tranchée et moins inguérissable. L'individu mort, ses biens retourneraient à la communauté pour être partagés également. Mais la

tout ce que son inexpérience lui dérobe ; avec le temps je serai de moins en moins artisan du malheur, et par les lumières que j'aurai acquises, par le perfectionnement de ma liberté, je me purifierai, j'idéaliserai mon être, et je deviendrai le chef de la création ; l'égal de Dieu.... Le moindre progrès que l'homme, ignorant, délaissé et trahi, accomplit vers le bien, l'honore sans mesure. De quel droit Dieu me dirait-il encore : Sois saint, parce que je suis saint ? Esprit menteur, lui répondrai-je, Dieu imbécile, ton règne est fini ; cherche parmi les bêtes d'autres victimes. Je sais que je ne suis ni ne puis jamais devenir saint, et comment le seras-tu, toi, si je te ressemble ? Père éternel, Jupiter ou Jéhovah, nous avons appris à te connaître : tu es, tu fus, tu seras à jamais le jaloux d'Adam, le tyran de Prométhée...

« Ton nom si longtemps le dernier mot du savant, la sanction du juge, la force du prince, l'espoir du pauvre, le refuge du coupable repentant, eh bien, ce nom incommunicable, désormais voué au mépris et à l'anathème, sera sifflé par les hommes ; car Dieu, c'est sottise et lâcheté ; Dieu, c'est hypocrisie et mensonge ; Dieu, c'est tyrannie et misère ; Dieu, c'est le mal. Tant que l'humanité s'inclinera devant un autel, l'humanité, esclave des rois et des prêtres, sera réprouvée ; tant qu'un homme, au nom de Dieu, recevra le serment d'un autre homme, la société sera fondée sur le parjure ; la paix et l'amour seront bannis d'entre les mortels. Dieu, retire-toi, car, dès aujourd'hui, guéri de ta crainte et devenu sage, je jure la main étendue vers le ciel, que tu n'es que le bourreau de ma raison, le spectre de ma conscience... »

famille empêche cette éversion au profit de la communauté. Le fils, héritier du père, en représente la personne et succède à tous les droits du défunt ; il n'est même pas sensé acquérir la propriété de l'héritage paternel. Elle ne fait que continuer en sa personne ; *et statim a morte parentis quasi continuatur dominium* (Institut., liv. III, t. 1, § 3).

Pour détruire l'inégalité, il faudrait détruire la famille, car celle-ci vient perpétuer l'inégalité, et la renforcer, en permettant qu'une génération ajoute aux efforts des précédentes. C'est pour cette raison que ceux qui ont voulu nous ramener à l'égalité primitive, ont attaqué sans relâche la famille. C'est ainsi que Platon veut que les femmes soient communes, et que la maternité soit incertaine, qu'il veut qu'on établisse un bercail à quelque distance de la ville où tous les nouveau-nés seront apportés.

Les systèmes de Lucurgue et de Solon ne diffèrent pas essentiellement de celui de Platon. Les Saint-Simoniens n'ont pas été généralement si hardis. Les uns ont reculé devant la nécessité de détruire la famille, les autres n'ont accepté cette nécessité qu'en partie, en voulant les femmes communes. Mais ce n'est détruire la famille qu'à l'égard des hommes. Pour la détruire à l'égard des femmes, il faut rendre aussi la maternité incertaine. Platon a poussé les choses jusque dans leurs dernières conséquences. Le Saint-Simonisme ose moins ; voilà toute la différence.

Pour établir l'égalité, il faudrait encore abolir l'industrie ; car, ce n'est que quand l'industrie, en étalant ses prodiges, fit naître, chez l'homme, des besoins qu'il ne soupçonnait pas, besoins superflus et qu'on peut satisfaire plus ou moins, c'est alors seulement qu'on vit les riches s'élever à côté des pauvres.

Le christianisme a soumis les hommes à deux lois rigoureuses dont ils ne peuvent décliner la valeur, et à l'exécution desquelles leur propre nature et leurs propres intérêts les sollicitent sans cesse. Doués de facultés individuelles actives, il sont appelés à subir *la loi impérieuse du travail ;* destinés à vivre dans les relations sociales intimes, et sous le régime d'une bienfaisante confraternité, ils sont soumis à la *loi universelle de la charité*. La première montre à l'homme la voie naturelle et légitime par laquelle il doit chercher à multiplier les conditions de son bien-être matériel ; par la seconde, il satisfait les plus nobles penchants de sa nature morale, qui lui dit, elle-même, qu'il ne doit pas se retrancher dans la limite des jouissances individuelles, et que, plus il acquiert et s'enrichit, plus il contracte d'obligations vis-à-vis de ses frères.

L'inégalité d'ailleurs n'est point exclusive du bonheur des hommes. Chacun dans le rang, dans la classe où le sort l'a placé, peut se trouver fort heureux. Qui ne sait même que l'homme plus élevé, et en faveur de qui l'inégalité paraît exister, n'est bien souvent que le plus à plaindre ? Un laboureur, un ouvrier, dans sa sphère, peut vivre fort heureux. Combien d'hommes supérieurs dans l'échelle sociale, ne recueillent que misères et douleurs ! Tout le mal consiste en ce que la misère assiége l'homme dans son bas degré. Cherchons donc à faire uniquement de l'homme, s'il est né artisan, un artisan heureux. Le bonheur pour lui ne consiste pas à quitter sa classe, pour mettre le pied dans une classe plus élevée ; il ne consiste pas dans la proscription de l'égalité. En ramenant l'égalité sur la terre, vous ne ferez pas tout le monde également riche, mais également pauvre. Quand M. Thiers a dit devant la chambre qu'il existait *heureusement* des riches et des pauvres, ce ministre n'a fait que dire une chose fort juste et bien à tort critiquée. Que signifie d'ailleurs cette égalité absolue dont on parle tant de nos jours ? Est-il donc encore besoin de démontrer que, si, aujourd'hui, les biens étaient partagés également, demain, cette égalité cesserait, car l'homme probe, courageux, économe qui, pendant une journée aurait travaillé sa terre, serait déjà plus riche que celui qui l'aurait laissée en friche.

Songeons-y bien. La révolution de février est non-seulement *politique* en ce que le gouvernement républicain succéda au gouvernement monarchique ; elle est surtout *sociale* en ce qu'elle amena l'essai des diverses théories d'économie sociale qui se sont produites depuis le commencement du siècle. Plaise à Dieu qu'au milieu de toutes ces tentatives la France ne ressemble pas un jour à cet homme tirant sur le grison et que La Fontaine fait asseoir entre deux maîtresses, l'une vieille, l'autre jeune.

> « La vieille, à tout moment, de sa part emportait
> « Un peu de poil noir qui restait,
> « Afin que son amant en fût plus à sa guise.
> « La jeune saccageait les poils blancs, à son tour.
> « Toutes deux firent tant, que notre tête grise
> « Demeura sans cheveux et se douta du tour.

Nous avons malheureusement vu le développement et le résultat de ces théories, nous avons vu à l'œuvre cette fameuse commission du Luxembourg qui devait être une enquête universelle, et par les ouvriers eux-mêmes, de tous les problèmes de l'industrie, et qui n'est devenue, par le fait, qu'une sorte de rendez-vous révolutionnaire, où les solutions les plus extrêmes étaient à l'ordre du jour, où les ouvriers apprirent à se connaître, à s'enrégimenter, à se discipliner sous la direction de leurs délégués. Et cependant le système de M. Louis Blanc, le système prôné par la commission du Luxembourg était connu, jugé depuis très-longtemps. On avait reconnu, depuis longtemps, que les deux bases sur lesquelles repose ce système, n'avaient ni solidité, ni consistance. On savait que, seul, le sentiment du devoir est incapable de fonder une société; que le réformateur qui compte sans l'intérêt personnel, néglige un des mobiles les plus puissants des actions ordinaires des hommes. Dans l'édifice social, c'est le sentiment du devoir qui cimente; mais c'est le sentiment personnel qui rapproche les matériaux. L'égalité absolue est plus qu'une chimère, c'est le comble de l'injustice; c'est une honteuse promiscuité. L'égalité véritable, celle que proclamaient nos pères en 89, celle à qui appartient l'avenir, consiste à effacer les inégalités politiques fondées sur le droit de la naissance. Les Français sont égaux, cela veut dire que la nation française est une, que les distinctions publiques appartiennent au talent et aux services, sans acception de la naissance.

Cela signifie que l'État doit à tous les intérêts, un égal appui, une égale sollicitude ; qu'il est tenu à protéger les champs de celui-ci, les rentes de celui-là, le travail de ce troisième qui n'a ni rentes ni terres. C'est-à-dire aussi que, par l'éducation, l'État doit préparer tous les hommes à être utiles à la société et à eux-mêmes ; que l'éducation encore doit avoir pour but de soigneusement rechercher partout, dans les hameaux comme dans les cités, sous le chaume et les haillons comme sous le toit et l'opulence, les natures supérieures dont l'État a besoin pour que ses affaires soient bien conduites. Mais l'idée de soumettre à la même existence matérielle tous les hommes sans exception est, de nos jours, une idée absurde. Traduire l'idée de l'égalité par des rétributions identiques pour tous les hommes, c'est méconnaître l'homme et l'histoire. Par cela seul le système de M. Louis Blanc croule en entier. Ce système n'a pas même le mérite de la nouveauté.

L'utopie Saint-Simonienne constituait déjà la société en une vaste association de travailleurs ayant tous droit (1) à un salaire,

(1) On sait aujourd'hui ce que signifie ce droit au travail. M. Proudhon, pressé par des interrogations précises est venu déclarer lui-même que le *droit au travail* et l'abolition de la propriété sont deux idées connexes, liées entre elles comme la cause et l'effet. « Donnez-moi l'un, a-t-il dit, et je vous fais grâce de l'autre. » Ainsi, le doute n'est plus possible. Le droit au travail, adopté d'un commun accord par les fourriéristes, les communistes et les égalitaires, aboutit forcément, de l'aveu de M. Proudhon, à ce résultat : qu'il faut prendre à ceux qui ont pour donner à ceux qui n'ont pas. Le droit au travail ne peut être que le communisme. L'application qu'on en a faite aux ateliers nationaux en est la preuve. En quelques mois elle a mis le trésor public à bout de ressources. Où l'état aurait-il pris les moyens de faire face à des besoins gigantesques et sans cesse renaissants? Dans l'impôt? C'était une goutte dans l'Océan. Il ne fallait rien moins pour constituer le fonds susceptible de solder le droit au travail, que le revenu total de toutes les propriétés de la France.

Dans une lettre écrite, il y a quelques jours, au journal *l'Union,* M. Proudhon s'attache à prouver que, lors de l'effroyable insurrection du 25 Juin, le droit était des deux côtés des barricades. Voici, en abrégé, comment il s'y prend pour établir ce paradoxe qui pourrait encore faire couler des flots de sang :

« N'est-il pas vrai, dit-il, que le droit au travail est devenu un *droit constitu-*

et ce salaire est attribué à chacun suivant sa capacité, et à chaque *capacité* suivant ses *œuvres*, par le chef de l'association, à la fois souverain spirituel et temporel, législateur et juge. L'utopie fourriériste associe également les travailleurs et le salaire, en raison du *capital*, du *travail* et du *talent*, subdivision plus logique, plus rationnelle, car elle comprend les trois éléments inséparables de la production. Robert Owen supprime les grands centres manufacturiers, théâtres d'une concurrence déréglée et funeste, pour les remplacer par de petits établissements à la fois industriels et agricoles. Dans cette combinaison, le sol, en cas de chômage de la fabrique, doit fournir aux travailleurs des ressources assurées.

Les communistes français et allemands abolissent la propriété, associent les travailleurs et leur assurent toutes les jouissances du bien-être. Weitling, le chef de cette portion des communistes, qui avait récemment établi son quartier-général à Zurich, et en fut chassé au mois de juin 1842, a formulé à peu près ainsi sa doctrine : après l'abolition de la propriété, tout le genre humain sera réparti en clubs. Ces clubs différeront des ateliers des socialistes français, en ce que l'on s'y occupera moins exclusivement de travaux utiles, et que la culture des beaux-arts y occupera une plus grande place. Les membres des clubs ne travailleront en moyenne que six heures par jour. La journée de travail pourra encore être réduite avec le progrès des machines. Les auteurs,

tionnel, au même titre que la liberté de la presse, que le droit d'association, que le suffrage universel, que la propriété? Ce droit n'a-t-il pas été reconnu par le gouvernement provisoire dans un décret qui a force de loi? Ne propose-t-on pas de l'écrire dans la constitution, en le plaçant avant la propriété elle-même? » « Or, il s'agit de savoir, ajoute M. Proudhon, si cent mille citoyens, dont on a reconnu *constitutionnellement* le droit au travail, sont excusables d'avoir pris les armes pour le maintien de ce droit violé ou travesti? » A quoi M. Proudhon répond que l'insurrection de juin, faite au nom du droit au travail, peut aussi bien se justifier que l'insurrection de juillet faite au nom des libertés garanties par la charte, et que l'insurrection de février faite au nom du droit de réunion.

les artistes et les inventeurs seront seuls exempts du travail quotidien. Tout travail extra sera récompensé ; mais cette récompense devra consister dans une consommation immédiate, l'épargne qui conduirait à la reconstitution de la propriété étant sévèrement interdite. La journée de travail, pour les industries pénibles et dangereuses, ne sera que de quatre à cinq heures au plus, et une somme de bien-être plus considérable est assurée aux ouvriers employés dans ces industries. Les clubs seront administrés par des comités composés des inventeurs, et les membres de ces comités nommés par deux assemblées ou compagnies, l'une appelée *Académie*, chargée de la spécialité des questions d'art et de goût ; l'autre, la *Compagnie des maîtres*, ayant dans ses attributions tous les faits relatifs à l'industrie et aux arts utiles. Le gouvernement suprême des clubs est remis à un triumvirat composé des trois inventeurs les plus éminents dans les arts ou les sciences. Les triumvirs seront nommés par le dictateur chargé de préparer et d'accomplir la substitution du nouvel ordre de choses à l'ancien. L'administration des clubs est gratuite : elle pourvoit à tous les besoins de leurs membres, et préside à la distribution et à l'échange des produits. L'éducation est publique, gratuite et professionnelle. L'éducation industrielle est donnée selon les règles de la division du travail.

Les communistes français ont, par l'organe de M. Cabet, consigné leurs principes dans un *credo* où l'on trouve les mesures de réorganisation suivantes : L'inégalité sociale et politique étant la cause de la misère, parce qu'elle assure au capital tous les bénéfices de la production, la communauté est établie en ce qui concerne les personnes, les biens et l'industrie : ainsi tous les frères ou associés ont droit à la même éducation élémentaire et générale ; tous ont droit à être également bien nourris, logés et vêtus ; mais tous aussi doivent travailler. Le mariage et la famille sont la base de la communauté ; les dots sont supprimés ; l'inclination seule décide des unions ; le divorce est établi. L'éducation est la même pour tous les enfants, jusqu'à seize, dix-sept et dix-huit ans ; ce

n'est qu'à partir de cet âge que commence l'éducation professionnelle. Le territoire national ne forme plus qu'un seul domaine appartenant indivisément à la société, et cultivé par le gouvernement chargé de la distribution des produits. Toutes les branches
de l'industrie se fondent dans un seul atelier national, placé sous
la direction de l'autorité qui dirige, divise et organise le travail.
Tous les citoyens sont ouvriers, chacun selon sa profession. La
communauté, ainsi organisée, ne s'établira que par la volonté de
l'opinion publique, éclairée par une discussion libre. Elle devra
être précédée d'un état transitoire et ne pourra que s'accomplir
graduellement, sans secousse et sans violence.

Mais laissons de côté tous ces paradoxes des Louis Blanc, des
Cabet, des Fourriéristes, des Communistes, et voyons ce qu'il y a
réellement à faire pour l'amélioration du sort des classes laborieuses.

On a écrit des volumes sur l'organisation du travail (1). Quel

---

(1) Platon demandait, il y a vingt-deux siècles, que l'organisation du travail
fût réalisée à l'aide d'associations libres ; Numa, le représentant de la législation
de Rome, s'est occupé avec une attention particulière des règlements qui in-
téressaient les corporations individuelles ; car les commerçants du même né-
goce et les ouvriers de la même profession avaient fait, sous Romulus, ce qu'ils
firent aux époques primitives de chaque nationalité : ils s'étaient réunis ; ils
avaient déterminé les rapports qui devaient exister entre eux et leurs patrons ;
ils avaient élu, parmi eux, en vue de l'œuvre commune, certains citoyens pro-
bes et dignes pour juger leurs différends et appliquer une législation librement consentie par chaque associé ; ils avaient enfin formulé la constitution
typique et absolue du monde commercial.

Qui ne connaît, en France, l'œuvre d'Étienne Boileau ? Avant lui, chaque communauté d'arts et métiers avait bien ses règlements, mais ces règlements
particuliers, non écrits, succombaient quelquefois sous la dépravation universelle des mœurs.

Pour prévenir le retour de semblables abus, le prévôt fit comparaître devant
lui, dans la salle d'audience du Grand-Châtelet, les prud'hommes des marchands,
des artisans et des ouvriers de chaque corporation, et un clerc écrivit, sous
leur dictée, les us et coutumes suivis au sein de leurs communautés depuis
un temps immémorial. Ces coutumes une fois accueillies, furent soumises à

est l'homme qui ait présenté une solution réelle et applicable?
C'est qu'il n'y en a pas? C'est que le travail et le capital sont soumis à mille influences, à la variation du prix des matières premières,
à la concurrence, aux crises financières, soit privées, soit générales ; à la situation politique du pays au dedans, aux événements
du dehors. Toutes ces causes qui agissent sur le capital du maître
d'un établissement, agiraient de même sur un capital réuni par
une association.

Au lieu de chercher au loin des théories plus ou moins fausses, nous aurons déjà beaucoup fait pour le bien-être des classes
laborieuses, si nous parvenons à propager, parmi elles, l'instruction, l'éducation religieuse, la moralité et le sentiment du devoir.
Jetons, en passant, un coup d'œil très-superficiel sur l'état actuel
de ces classes.

Demandez à un ouvrier pourquoi il n'envoie pas ses enfants à
l'école, il vous répondra qu'il les envoie à la fabrique. Quelle
peut être l'importance de l'école dans un tel ordre social? Visitez les communes : ici ce sont des forçats libérés, des vagabonds,
des aventuriers qui s'érigent en instituteurs : là ce sont des instituteurs affamés qui quittent la chaire pour la charrue, et n'enseignent que lorsqu'ils n'ont rien de mieux à faire. Presque partout
les enfants sont entassés dans des salles humides, malsaines, et
même dans des écuries, où ils profitent pendant l'hiver de la chaleur que leur communique le bétail. Il est des communes où le
maître d'école fait sa classe dans une salle qui lui sert à la fois de
cuisine, de salle à manger et de chambre à coucher.

Il résulte des relevés officiels de l'octroi, qu'à Paris la consom

une sorte d'enquête qui eut lieu en présence de Grand-Panté, *l'un des plus
sages et des plus anciens hommes de Paris, et de ceux qui plus devaient
savoir de ces choses, lesquels, tous ensemble, louèrent moult cette œuvre*
que l'on conserva sous le nom de *Livres des métiers.*

Qui ne connaît les ordonnances de 1521 et 1550, et les écrits du célèbre Bodin, qui les accepte comme la meilleure garantie de l'indépendance des citoyens?

mation de l'eau-de-vie augmente dans une proportion beaucoup plus grande que celle du vin. En 1836, on y a consommé 922,363 hectolitres de vin et 36,441 hectolitres d'eau-de-vie. En 1838, la consommation du vin s'est élevée à 950,912 tandis que celle de l'eau-de-vie a été de 42,785. En 1836, la consommation du vin était à celle de l'eau-de-vie comme 25,31 est à 1. En 1838, elle n'était plus que dans la proportion de 22,24 à 1. M. Frégir évalue à 17,060 le nombre d'individus qui, à Paris, poussent l'habitude de l'ivrognerie jusqu'à l'abrutissement.

A Nantes, il existe deux faubourgs, appelés la ville en bois et la ville en pierre, où les ouvriers vont tous les soirs, mais particulièrement les dimanches et les lundis, dépenser en boissons le fruit du travail du jour ou les épargnes de la semaine.

L'on y boit à tant par heure. Moyennant un franc, un ouvrier est admis à boire autant qu'il le peut durant l'espace d'une heure. On peut se figurer à quels excès ils se livrent.

A Elbeuf, on emploie 17,000 ouvriers, 5,000 au-dehors, 12,000 au-dedans. Sur les 12,000 ouvriers de l'intérieur, il y a 6,000 mâles et adultes gagnant chacun 2 francs par jour ; 4,000 femmes adultes gagnent 1 franc par jour, et 2,000 enfants de l'un et de l'autre sexe 75 centimes. Cela fait par chaque individu, en moyenne, un salaire annuel de 444 francs, et en tout 5,328,000 francs. Eh bien, la consommation de l'eau-de-vie est de 1,000 bouteilles par jour, à 2 francs la bouteille, ce qui fait, pour l'année 730,000 francs, c'est-à-dire le septième du salaire.

Les deux tiers des hommes et le quart des femmes s'enivrent fréquemment. Un très-grand nombre vit en concubinage. Beaucoup se prennent, se quittent et se reprennent ; mais plusieurs cependant restent toute leur vie attachés l'un à l'autre. Quant à leurs enfants, ils meurent très-jeunes ou bien ils contractent tous les vices des pères et mères. Ils sont tellement adonnés aux boissons spiritueuses, que, communément, ils apportent aux cabaretiers leurs meilleurs habits ou quelque meuble sur lequel on leur avance du vin ou de l'eau-de-vie ; si au bout d'un certain temps ils n'ont pas payé, ces objets cessent de leur appartenir. Lorsqu'on leur parle d'ordre ou d'économie, ils répondent que le commerce seul les fait travailler et vivre, que pour le faire aller il faut dépenser de l'argent, que l'hôpital n'a pas été fondé pour rien, et que s'ils voulaient tous faire des épargnes, être bien logés, bien vêtus, les maîtres diminueraient le salaire et qu'ils seraient également misérables. La plupart des ouvriers qui se marient encore le font sans avoir des ressources suffisantes pour l'entretien d'une famille. Naguère le mariage était un acte sérieux auquel on se préparait par l'épargne d'un petit capital destiné à l'achat d'un mobilier convenable, d'un métier, etc. ; aujourd'hui ce soin paraît superflu, et l'ouvrier prend femme, comme il va au cabaret, pour satisfaire la passion d'un moment.

L'usage est, dans certaines villes, de faire prendre, aux petits enfants auxquels on veut procurer du sommeil, une dose de thésiatique, appelé dormant. Les femmes d'ouvriers en achètent surtout les dimanches, lorsqu'elles veulent rester longtemps au cabaret et laissent leurs enfants au logis.

Constatons toutefois que cette démoralisation des classes ouvrières, n'est pas sans d'honorables exceptions. Ainsi pour ne citer qu'un exemple, Sédan est remarquable par le petit nombre de ceux qui fréquentent les cabarets, et il y a peut-être très-peu de villes d'Europe, situées sous la même latitude, où l'on vend, proportion gardée, aussi peu d'eau-de-vie. C'est bien moins, il paraît, parce que les ivrognes d'habitude cessent de l'être, que parce qu'on empêche les jeunes de le devenir. Cet heureux résultat est principalement attribué aux fabricants les plus riches et les plus honorables, qui s'entendent entre eux pour renvoyer de leurs ateliers tous les ouvriers qui s'enivrent, à plus forte raison pour n'en point admettre. Les ouvriers connaissent la sévérité des maîtres à cet égard ; ils savent bien qu'après une pareille cause de renvoi, il n'y a plus pour eux possibilité de trouver de l'ouvrage dans une bonne maison de la ville.

C'est ainsi que, depuis plusieurs années, la tempérance s'observe de plus en plus à Sédan, et que les chômeurs du lundi y sont à peine connus.

Il paraît constant qu'il y a une amélioration réelle dans l'état intellectuel et moral des ouvriers de Sédan, comparés à la généralité de ceux des autres villes. Non-seulement ils savent plus souvent lire et écrire, mais encore ils sont moins pauvres et plus heureux, parce qu'ils sont aussi plus laborieux, plus économes, plus sobres. Enfin, ils paraissent commettre plus rarement des crimes.

En général, tous entretiennent facilement leur famille, élèvent convenablement leurs enfants, et beaucoup, surtout parmi ceux des villages, font de petites épargnes.

Il existe, chez le plus grand nombre des fabricants de la ville, un usage très-moral que l'on doit regretter de ne pas retrouver aussi fréquent, à beaucoup près, dans toutes nos cités manufacturières : c'est l'usage de conserver à l'ouvrier qui tombe malade son emploi ou son métier, pour le temps où il pourra le reprendre.

Quand la maladie n'est pas une simple indisposition, celui qui en est atteint ou bien sa famille, présente au fabricant un remplaçant. L'ouvrier malade continue à recevoir son salaire entier, et il paie lui-même son remplaçant, mais de manière à gagner quelque chose sur lui.

Il est rare que les bons exemples ne portent pas leurs fruits. Les fabricants de Sédan se montrent généreux envers leurs ouvriers, ceux-ci le sont à leur tour envers leurs camarades tombés dans le malheur, ou envers les veuves et les enfants en bas-âge de ces camarades : des quêtes, auxquelles ils donnent tous, sont faites, chaque semaine, en faveur de ces derniers dans les manufactures.

Pourquoi les autres villes manufacturières n'imiteraient-elles pas l'exemple de Sédan ? On obtiendrait, de cette manière, des résultats plus prompts, plus directs, plus faciles que ceux que nous promettent les organisateurs du travail. Donnez aux ouvriers une éducation morale et religieuse, faites leur comprendre que l'épargne et l'éducation sont un des premiers éléments de l'amélioration de leur sort, faites refluer dans les campagnes le trop-plein des villes, dirigez les bras vers l'industrie agricole, encouragez la pétite industrie, établissez, dans chaque centre manufacturier, une maison de charité destinée aux travailleurs, introduisez en France l'usage qui veut, en Russie, que le manufacturier ait à son côté de son usine, une infirmerie pour ses ouvriers, établissez une caisse qui ferait des prêts à un intérêt minime sur dépôt de livret, attachez-vous à réaliser une foule d'autres institutions qui, tout en étant d'une création facile, n'en seraient pas moins efficaces, et vous aurez plus fait pour l'amélioration des classes ouvrières que tous les utopistes ensemble. Attachez-vous surtout à relever le crédit et la confiance.

La confiance ne se commande pas ; elle se donne, elle s'acquiert. Or, cette confiance ne reparaîtra que quand les actes du gouvernement parviendront à l'inspirer.

Le temps des hésitations, des tiraillements est passé. La France, l'assemblée nationale qui la représente ont le droit de demander au gouvernement l'unité de vues, la fermeté de résolutions, la netteté d'attitude, sans lesquels il ne saurait y avoir sécurité dans l'état, confiance chez les individus. Or, cette confiance ne renaîtra que quand le commerce aura repris ses transactions, quand les ouvriers auront compris qu'il est de la plus vulgaire prudence de patienter, et de se contenter de peu, plutôt que de provoquer un état de choses qui n'offrirait bientôt plus que des ruines. Le travail qui satisfait réellement le travailleur, qui seul lui plait, parce que c'est le seul qu'il sache bien faire, et qui seul peut lui être convenablement payé, est celui qui ressort spontanément du travail de la société. C'est le travail libre qu'amène le mouvement naturel de la production et de la consommation, que l'industrie vivifie de ses capitaux. Ce travail n'est pas à la charge de l'État, il l'enrichit au contraire. Ce n'est pas un palliatif commandé contre un mal imminent, c'est la vie même de la nation. Mais ce travail ne reviendra que quand la confiance sera rétablie. Pour que la confiance se rétablisse il faut le concours de tout le monde.

On ne conjurera la ruine universelle que par la fermeté de la décision. Le moment est passé de s'effrayer du régime nouveau où nous sommes. Il faut l'envisager de sang froid, avec calme, et tâcher d'en tirer le meilleur parti. Il faut que nous y donnions notre concours, et par conséquent notre confiance. Au lieu de s'isoler, il faut se rapprocher. Il faut penser à la communauté autant qu'à soi-même. Capitalistes, commerçants, propriétaires, ouvriers, tous, tant que nous sommes, il faut nous réunir, avoir confiance les uns dans les autres. Si, quand un navire est battu par la tempête, chaque homme de l'équipage ne songe qu'à lui et se refuse à courir un danger dans l'intérêt de tous, tout est perdu; le navire sombre avec ceux qu'il portait sans que personne en échappe. Si, au contraire, tous consentent à se risquer dans l'intérêt commun, si tous réunissent leurs efforts individuels pour assurer la conservation générale, alors on peut espérer que l'équipage tout entier échappera au péril qui le menace.

Quant au crédit, il est non-seulement l'élément de la fortune publique, il est encore celui qui se trouve le premier et le plus vivement atteint dans les grandes commotions politiques.

Le crédit repose sur le respect des engagements contractés. Or, la République a nettement proclamé qu'elle acceptait la charge des obligations que le gouvernement déchu lui a léguées et qu'elle y ferait face. Ne l'oublions pas, le crédit est une institution essentiellement démocratique, il n'a grandi qu'avec les progrès de la liberté. Quand la nation tout entière engage son honneur et donne la richesse publique pour caution des obligations qu'elle contracta, elle élève la sécurité des prêteurs à sa plus haute puissance. Rien ne vaut la garantie solidaire d'un peuple éclairé, jaloux de sa dignité morale. Tout se lie d'une manière irrésistible; la sécurité du capitaliste n'a pas d'autre élément que la somme de la richesse publique, qui, elle-même, trouvera dans le crédit un levier puissant. Le crédit, la production, le bien-être, sont les termes d'une équation commune. Ayons confiance dans l'avenir, unissons-nous, donnons-nous la main, et comptons sur le génie à la fois élevé et pratique qui fait la force de la nation française.

Juillet 1848.

www.ingramcontent.com/pod-product-compliance
Lightning Source LLC
Chambersburg PA
CBHW061345050726
47595CB00005B/2091